Copyright © 2013 Neusa Sorrenti
Ilustrações © 2013 Marta Neves
Copyright © 2013 Autêntica Editora
Copyright desta edição © 2020 Editora Yellowfante

Todos os direitos reservados pela Editora Yellowfante. Nenhuma parte desta publicação poderá ser reproduzida, seja por meios mecânicos, eletrônicos, seja via cópia xerográfica, sem a autorização prévia da Editora.

EDIÇÃO GERAL
Sonia Junqueira

PROJETO GRÁFICO E DIAGRAMAÇÃO
Christiane Costa

REVISÃO
Eduardo Soares

Dados Internacionais de Catalogação na Publicação (CIP)
(Câmara Brasileira do Livro, SP, Brasil)

Sorrenti, Neusa
  Poemas empoleirados no fio do tempo / Neusa Sorrenti ; ilustrações Marta Neves. -- 2. ed.; 1. reimp. -- Belo Horizonte : Editora Yellowfante, 2023.

ISBN 978-85-513-0782-3

1. Poesia - Literatura infantojuvenil I. Neves, Marta. II. Título.

20-32524   CDD-028.5

Índices para catálogo sistemático:
1. Poesia : Literatura infantil 028.5
2. Poesia : Literatura infantojuvenil 028.5

Maria Alice Ferreira - Bibliotecária - CRB-8/7964

A **YELLOWFANTE** É UMA EDITORA DO **GRUPO AUTÊNTICA**

Belo Horizonte
Rua Carlos Turner, 420
Silveira . 31140-520
Belo Horizonte . MG
Tel.: (55 31) 3465 4500

São Paulo
Av. Paulista, 2.073,
Horsa I Sala 309 . Bela Vista
01311-940 . São Paulo . SP
Tel.: (55 11) 3034-4468

www.editorayellowfante.com.br

NEUSA SORRENTI
ILUSTRAÇÕES **MARTA NEVES**

2ª EDIÇÃO
1ª REIMPRESSÃO

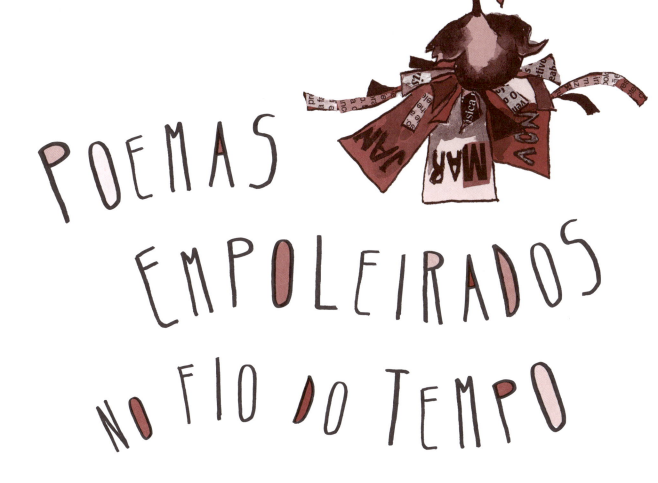

POEMAS EMPOLEIRADOS NO FIO DO TEMPO

Yellowfante

Para os educadores que um dia
me sugeriram estes poemas.

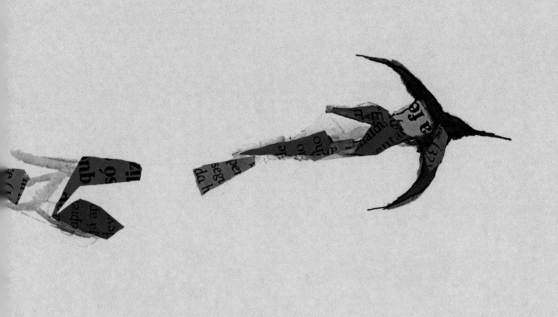

SUMÁRIO

14 despertar

15 quatro estações

16 promessas de ano novo

17 Dia de Reis: 6 de janeiro
reis magos

18 Dia do Mágico: 31 de janeiro
passe de mágica

19 Dia do Esportista: 19 de fevereiro
corujice esportiva

20 Carnaval: fevereiro, festa móvel
carnaval sem jardineira

21 Dia Internacional da Mulher: 8 de março
tantas marias

22 Dia do Bibliotecário: 12 de março
paixão pelos livros?

23 Dia da Poesia: 14 de março
o dia a dia da poesia

24 Dia da Escola: 15 de março
escola

25 Dia Mundial da Contação de Histórias: 20 de março
HISTÓRIAS

26 Dia Internacional da Floresta: 21 de março
ABC DA ÁRVORE

27 Dia Mundial da Água: 22 de março
CANTO DAS ÁGUAS

28 Dia Nacional do Circo: 27 de março
O CIRCO PETELECO

29 Dia da Mentira: 1º de abril
VOCÊ CAIU!

30 Dia Mundial da Saúde: 7 de abril
ABCDORES

31 Páscoa: março/abril, festa móvel
TEMPO DE PÁSCOA

32 Dia Nacional do Livro Infantil: 18 de abril
UMA CASA MUITO ENCANTADA

33 Dia do Índio: 19 de abril
TANTA PENA

34 Dia do Trabalho: 1º de maio
TRABALHO E PROFISSÃO

35 Dia das Mães: 2º domingo de maio
CARINHO DE MÃE

36 Abolição da Escravatura: 13 de maio
ALFORRIA

37 Dia Mundial do Meio Ambiente: 5 de junho
BOM SINAL

38 Dia dos Namorados: 12 de junho
AMOR

39 Dias de Santo Antônio, São João e São Pedro: 13, 24 e 29 de junho – SANTA ECONOMIA!

40 Dia de Proteção das Florestas: 17 de julho
BARRICADA

41 Dia do Futebol: 19 de julho
FUTEBOLÊS

42 Dia Internacional do Amigo: 20 de julho
AFINIDADE

43 Dia dos Avós: 26 de julho
MINHA AVÓ

44 Dia dos Pais: 2º domingo de agosto
LISTA

45 Dia do Estudante: 11 de agosto
ESTUDANTE

46 Dia Nacional das Artes: 12 de agosto
PINTURA

47 Dia do Folclore: 22 de agosto
CULTURA POPULAR

48 Dia da Infância: 24 de agosto
INFÂNCIA

49   Dia da Amazônia: 5 de setembro
     AMAZÔNIA

50   Proclamação da Independência: 7 de setembro
     7 DE SETEMBRO

51   Dia Mundial da Alfabetização: 8 de setembro
     PRIMEIRAS LETRAS

52   Semana Nacional do Trânsito: 18 a 25 de setembro
     CAMINHOS

53   Dia da Árvore: 21 de setembro
     BATICUM

54   Início da Primavera: 21 de setembro
     ESTAÇÃO DAS FLORES

55   Dia do Idoso: 1º de outubro
     PRA DESABAFAR

56   Dia Mundial dos Animais: 4 de outubro
     TODOS TRABALHANDO

57   Dia da Criança: 12 de outubro
     DEGRAU

58   Dia do Professor: 15 de outubro
     DEVER DE CASA

59   Dia Mundial da Alimentação: 16 de outubro
     AULA GOSTOSA

60   Dia de Finados: 2 de novembro
     ADEUS

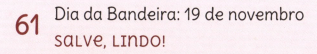

61 Dia da Bandeira: 19 de novembro
salve, lindo!

62 Dia da Consciência Negra: 20 de novembro
cor

63 Dia da Música: 22 de novembro
música

64 Dia da Família: 8 de dezembro
briga

65 Natal: 25 de dezembro
o menino

66 adormecer

68 a autora

69 a ilustradora

Meu avô foi boticário,
depois virou fazendeiro,
mas não perdeu a mania
de guardar vidros e bulas,
novenas e anuários.
E não é que os passarinhos
resolveram fazer ninhos
bem perto de onde havia
alguns velhos calendários?
Levaram palha e alfazema
e cada um se aninhou
num cantinho de um mês
e teceu o seu poema...

Despertar

O poema acorda
para nova temporada.
Abre os versos,
se espreguiça nas estrofes,
boceja rimas cruzadas.
Põe nas asas das palavras
cadências cantantes
e parte ruflando acordes
em ruidosa revoada.

Quatro estações

Na primavera, a andorinha
arranjou um companheiro
para plantar alguns sonhos
e depois juntar-se ao bando
quando entrasse fevereiro.

Andorinho se empolgou
e, no final do verão,
descobriu-se apaixonado:
comprou anel de noivado
em estojo de algodão.

No outono, aqueles sonhos
já previam o casório.
O casal se preparava
e andorinhava feliz
sobre os balcões do cartório.

A festa do casamento
foi no início do inverno.
Parentes com roupas brancas,
capa em veludo azulado,
vestiam trajes eternos.

O tempo passou voando.
O bando agora é maior.
Hoje passeia de trem
e voa a cada estação.
O rumo? Sabe de cor.

Estações do ano

Primavera: 21 de setembro a
20 de dezembro – (plantio e germinação)
Verão: 21 de dezembro a 20 de março
(crescimento e maturidade)
Outono: 21 de março a 20 de junho (colheita)
Inverno: 21 de junho a 20 de setembro
(letargia, sono profundo)

Promessas de Ano Novo

De promessas pro Ano Novo
(no início, no fim, no meio)
o pobre ouvido de Deus
deve estar é muito cheio.

Não inundar o banheiro.
Comer bastante verdura,
como quiabo e jiló.
Gastar só o necessário.
Não criar caso na escola.
E tratar bem a vovó.

Esquecer o palavrão.
Fazer todos os deveres.
Estudar Geografia.
Não falar de boca cheia.
Ter cuidado com o gato.
Evitar má companhia.

Mas hoje, Deus me perdoe,
gastei toda a mesada,
perdi média em Geografia,
dei rasteira no colega,
não falei tchau pra vovó,
molhei o gato na pia...

De promessas pro Ano Novo
(não se chega nem no meio)
o pobre ouvido de Deus
deve estar é muito cheio...

1º de janeiro: Início do novo ano

Reis Magos

Venham ver, venham ver!
Ó de casa, ó minha gente!
São chegados os Três Reis
lá das bandas do Oriente.

Vêm adorar o Menino
no seu cochinho de palha.
Pedem forças pra vencer
as dores que o mal espalha.

Trazem ouro, incenso e mirra
e outros presentes que são
embrulhados e atados
com as fitas do coração.

6 de janeiro: Dia de Reis – Dia da Gratidão

Passe de mágica

Antigamente:

Da cartola sai um pombo
que se transforma em coelho.
Eu queria que o mágico
me transformasse em adulto
pra ninguém mandar em mim
e me dizer: sai, fedelho!

Hoje:

Da cartola sai a bruxa
que se transforma em princesa.
Eu queria que o mágico
me transformasse em bebê
pra eu ser o "rei" da casa
e ficar só na moleza!

31 de janeiro: Dia do Mágico

Corujice Esportiva

Os jurados elogiam
as melhores atuações.
Os jogadores desfilam
quase estourando o peito
com as faixas de campeões.

A Ema – na lateral.
O Leão – melhor zagueiro.
A Onça – na ponta esquerda.
O Bode – firme no ataque.
O Urso – o maior goleiro.

Na plateia, a mãe Preguiça
se espreguiiiiiça no chão.
E diz, pro filho que dorme:
– Se continuar nesse pique,
cê vai bater um bolão...

19 de fevereiro: Dia do Esportista

Carnaval sem Jardineira

Para Humberto Porto e Benedito Lacerda,
autores da marchinha "Jardineira"

– Ó Folião,
por que estás tão triste?
O que é que foi que aconteceu?
– São as marchinhas que se acabaram:
deram dois suspiros
e logo morreram!

Agora tem trio elétrico
pra espanto do Lamartine.
E o Braguinha,
o Mário Lago e o Noel
hoje só fazem marchinhas
pros anjinhos
lá do céu.

Fevereiro: Carnaval, festa móvel

TANTAS MARIAS

Das Marias deste mundo
a lista é estrada comprida.
Umas mais cheias de graça,
outras mais cheias de vida!

Tem Marias de voz alta
e Marias mudas na lida.
Tem Marias que se lançam
pelo mundo, destemidas.

E a história de todas elas
costuma ser parecida.
Seja lá o que realizam,
traduzem a força da vida.

8 de março: Dia Internacional da Mulher

PAIXÃO PELOS LIVROS?

Quem será aquela moça
que tem um sorriso lindo,
uma ruguinha na testa,
você vai...
ela vem vindo?

Às vezes pede silêncio
e quase te paralisa.
Mas depois entrega os pontos
e te ajuda
na pesquisa.

Ela conhece as manhas
pra te incentivar a ler.
E diz que biblioteca
é conhecimento,
é prazer.

Pela primeira professora
muito aluno tem paixão.
Mas nossa bibliotecária
pega uns cinquenta por cento
dessa tal predileção!

12 de março: Dia do Bibliotecário

O DIA A DIA DA POESIA

Poesia é maçã
no cestinho da manhã.

Poesia faz folia
sob o sol do meio-dia.

Poesia se avizinha
das cores da tardezinha.

Poesia teme o açoite
do vento frio da noite.

Por isso ela procura
um lugarzinho bem quente.

E, feliz, se refugia
bem no coração da gente.

14 de março: Dia da Poesia

ESCOLA

Meninada faz que estuda
mas tá pensando em brinquedos.
Lá fora o Sol dá risada
adivinhando segredos.

Meninada na escola
tenta escrever direitinho.
Lá fora o tempo convida
no canto de um passarinho.

Professora conta histórias
pra prender a atenção.
Mas ela entende a amizade
da infância com a distração...

15 de março: Dia da Escola

HISTÓRIAS

Era uma vez
uma vaca, Vitória,
que fugiu do rodeio,
atolou-se no brejo
e acabou-se a história.

Era uma vez
uma gata listrada
e um gato siamês.
Da paixão deles dois
nasceu, certo dia,
um gato xadrez.

Era uma vez
um cachorro cotó
chamado Raimundo.
Depois de um implante
balança o rabinho
pra Deus e o mundo.

Era uma vez,
era outra vez:
Quem quiser mais,
conte mais uma,
conte mais duas,
ou conte mais três.

20 de março: Dia Mundial da Contação de Histórias

ABC da Árvore

Angico Araçá Aroeira Braúna Cajueiro

Candeia Carvalho Douradinha Embaúba Faveiro

Gameleira Goiabeira Ingá Ipê Hera Jatobá Jacarandá Jequitibá

Laranjeira Lobeira Mangabeira Mogno Nogueira Oiti

Oliveira Palmeira Pau-Pereira Peroba Pitanga Pitomba

Quaresmeira Roxinho Sapucaia

Sucupira Tamboril Tarumã
Urucum Uruvalheira
Vernônia Vinhático
Xixá

21 de março:
Dia Internacional da Floresta

Canto das Águas

Lá do alto, a cachoeira
brinca de caraoquê.
Com o seu claro véu de águas
e grinalda de espumas
faz a maior gritaria.
Às vezes, acho que chora
como noiva emocionada.
Em outras, acho que canta
meio rouca e fanhosa,
resfriada de alegria.

22 de março: Dia Mundial da Água

O Circo Peteleco

Domingo à tarde é sem graça,
mas vovô teve uma ideia:

ir ao Circo Peteleco,
pois era dia de estreia.

O palhaço foi chegando
com a gata Dulcineia,

que era de pano velho,
ensebado, uma "teteia"!

Além da gatinha suja,
tinha a forreca Memeia.

A forreca do palhaço
estava com diarreia

e soltava cada estouro
que assustava a plateia.

Mas a surpresa da tarde
estava era na boleia:

uma sanfona caquética
tremendo como geleia.

Todo mundo gargalhou
quando o palhaço tocou,

exibindo o seu fole
como uma... centopeia!

27 de março: Dia Nacional do Circo

VOCÊ CAIU!

O menino vê tevê,
não quer saber de dormir.
Relógio bateu as horas
como dando um ultimato
e ele, nada de ir.

A Lua tá que cochila
e entre as nuvens se derrama.
O menino enfim desiste,
não aguenta o cansaço
e vai direto pra cama.

De manhã, o irmão caçula
chama o menino pra escola.
Ele cambaleia, se veste,
entorna café na roupa
e quase se descontrola.

Na calçada, um riso alto
deixa o menino intrigado.
– Deu certo, você caiu
no meu "primeiro de abril"!
Hoje é um baita feriado...

1º de abril: Dia da Mentira

ABCDORES

Alice quebrou o dente
Beto ralou o joelho
Camila tem o rosto inchado
Daniel, o olho vermelho
Eduardo, alergia
Fábio morre de enxaqueca
Guto tem unha encravada
Helena, a garganta seca
Ivan aponta a pereba
Júlio gagueja de medo
Karina torceu o braço
Letícia cortou o dedo
Mauro se queixa de enjoo
Norma parece mancar
Olavo tem dor no peito
Pedro tem no calcanhar
Quitéria torceu o pé
Rosa funga a toda hora
Sílvia arranja uma caxumba
Túlio coça a catapora
Úrsula tem dor na perna
Vera diz que tem bronquite
Wanda exagera na tosse
Xênia tá com estomatite
Yago, com contusão...
Zélia diz: quanta mentira
pra escapar da vacinação!

7 de abril: Dia Mundial da Saúde

Tempo de Páscoa

No primeiro domingo
depois de uma lua cheia,
entre 22 de março
e 25 de abril,
toda a cidade
se enche de paz
como nunca se viu.

Em todos os cantos se veem
coelhos brancos e amarelos
e ovos pintados de anil.

Pra contentar todo mundo
(pois gosto não se discute),
um fato novo surgiu.

Uma chuva de arco-íris
caiu mansa e coloriu
ovo, coelho e girassol
peixe, vela, trigo e sino.
E tudo que é jardim floriu!

março/abril: Páscoa, festa móvel

Uma Casa Muito Encantada

Para Vinicius de Moraes

O livro é casa
bem planejada
desde o teto
até a entrada.

E você pode
entrar nela, sim,
abrindo a capa
que é o jardim.

Depois repare:
paredes-páginas,
e como tijolos,
palavras mágicas.

Cada parede
tem um janelão
pra liberdade
e a reflexão.

A casa é pintada
pelo ilustrador
que junta suas cores
com as do autor...

18 de abril: Dia Nacional do Livro Infantil

TANTA PENA

Não me canso,
não me canso
de ter pena do pato
que caiu na esparrela
de ter pena da galinha
que foi pra panela...
de ter pena do louro
que não mais tagarela
de ter pena da arara
que já virou novela...

Não me canso,
não me canso
de pensar no índio
enfeitado de penas
coloridas, as mais belas,
e hoje vivendo
sem paleta e aquarela
pra pintar o seu futuro
na terra verde-amarela...

19 de abril: Dia do Índio

Trabalho e Profissão

Quando eu crescer,
posso ser marceneiro
pedreiro ou lanterneiro,
engenheiro ou enfermeiro.
Mas trabalhar nas alturas...
Nem pensar! Não quero, não!

Quando eu crescer,
posso ser jornalista,
cientista ou esportista,
dentista ou até artista.
Mas trabalhar nas alturas...
Nem pensar! Não quero, não!

Minha mãe já não me aguenta
mais falar em profissão.
No teste vocacional
que eu fiz com um psicólogo
deu que eu levo muito jeito
pra piloto de avião...
Nem pensar! Não quero, não!
Quem quer isso é o meu irmão!

1º de maio: Dia do Trabalho

Carinho de mãe

Quando a noite bate as asas
em busca de outro lugar,
a madrugada aparece
clareando a vidraça
devagar, devagarinho
sem ter pressa de chegar.

Menino rola na cama,
ameaçando acordar.
A mãe lhe diz, de mansinho,
que a claridade que passa
é do tênis de luzinha
que a madrugada ganhou
de sua fada-madrinha.

2º domingo de maio: Dia das Mães

ALFORRIA

O negro liberto
ao deixar a senzala
não levou consigo
moedas de ouro
nem mantimentos.
Saiu carregando
a alma cansada
em mala de vento.

O negro liberto
ao ser despedido
não levou referências.
Levou só lembranças
de suas raízes.
Saiu carregando
o corpo tatuado
de mil cicatrizes.

O negro liberto
ao ser dispensado
vestiu fantasia
de um velho bufão.
Saiu carregando
ilusão e alegria
no traje cômico
da Abolição.

13 de maio: Abolição da Escravatura

Bom sinal

No rio e no ribeirão
é lenta a caminhada
das águas grossas,
pesadas:
sujeira e devastação.

As nuvens não brincam mais
com o espelho da lagoa.
E até a velha canoa
emperrou
nos lodaçais.

Mas um lindo sabiá
canta pra alegrar a Terra.
E espalha por sobre as serras
que a vida
vai melhorar.

5 de junho: Dia Mundial do Meio Ambiente

Amor

Menina de mãos de seda
cabelo solto, sem laços.
Prendo ele com carinho
com a fita dos meus braços.

Menina cor de canela
seus olhos são de veludo.
Quando acordam, ficam lindos
com remela, inchaço e tudo...

12 de junho: Dia dos Namorados

Santa Economia!

No Arraial do Gasto Pouco,
São João, Santo Antônio e São Pedro
foram todos festejados
num só dia de folguedo.

Comes e bebes – contados.
Quase tudo... cortesia!
Nos tempos bicudos de hoje
nem santo tem regalia.

Ninguém comprou roupa nova:
aproveitou peça antiga.
Pra caber na velha saia,
Rita arrochou a barriga.

Na fuzarca da quadrilha,
roupa aperta e se rasga.
Botão cai, a calça desce!
Todo mundo ri que engasga.

Os santos, em seus altares,
zombam da situação:
– Se o país seguir a moda,
vai dançar com a recessão...

13, 24 e 29 de junho: Dias de Santo Antônio, São João e São Pedro

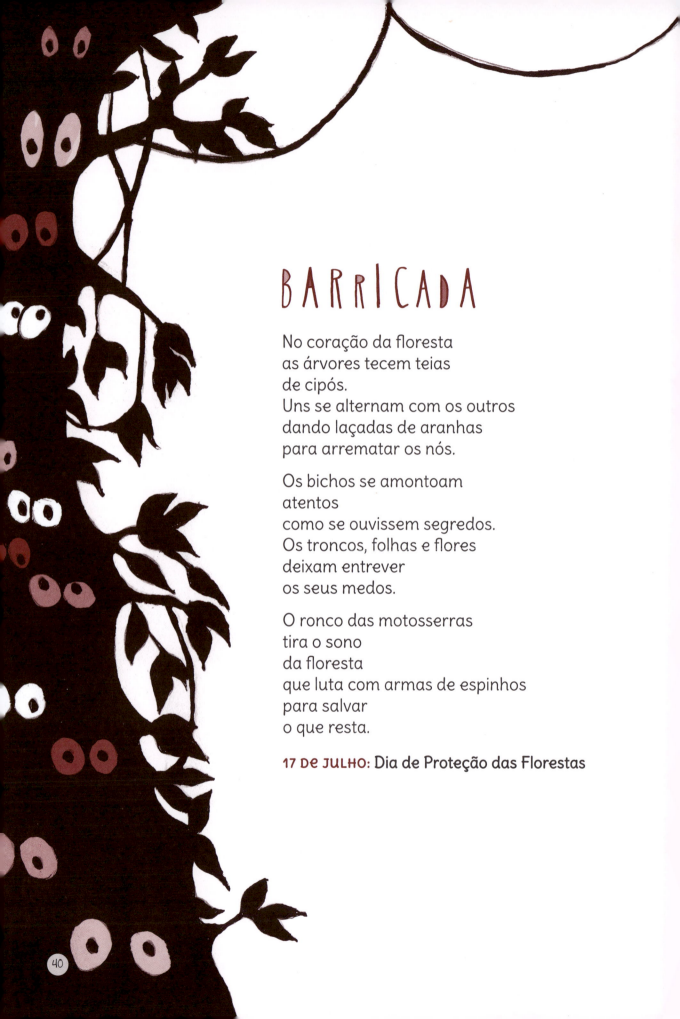

BARRICADA

No coração da floresta
as árvores tecem teias
de cipós.
Uns se alternam com os outros
dando laçadas de aranhas
para arrematar os nós.

Os bichos se amontoam
atentos
como se ouvissem segredos.
Os troncos, folhas e flores
deixam entrever
os seus medos.

O ronco das motosserras
tira o sono
da floresta
que luta com armas de espinhos
para salvar
o que resta.

17 DE JULHO: Dia de Proteção das Florestas

FUTEBOLÊS

Eu falo português.
Muita gente fala inglês.
Mas hoje tô encafifado
com uns termos complicados
desse tal futebolês:
Artilheiro
Gandula
Retranca.

Drible
Lanterna
Canhão.

Frango
Zebra
Bicicleta.

Tabelinha
Gol de placa
Prorrogação...

Você pode me explicar?
Ou também não sabe não?

19 DE JULHO: Dia do Futebol

AFINIDADE

Tenho um amigo baixinho,
invocado e arredio.
Nossa amizade é tão boa
que conversamos calados,
coisa séria e coisa à toa,
durante horas a fio.

Na tradução dos olhares,
nosso acordo se acentua,
igual irmão com irmão.
Ah, quando ele se mudou,
meu olhar caiu no chão,
fi cou   va   gan   do   na   rua...

20 DE JULHO: Dia Internacional do Amigo

MINHA AVÓ

Minha avó é uma piada.
Não trabalha, não faz nada.
Diz que é aposentada
de uma tal secretaria.

Se a gente pede um bolo,
ela apronta o maior rolo
esboça um sorriso tolo,
corre até a padaria.

Se a gente quer empada,
brigadeiro ou cocada,
ela sai em disparada
e vai à confeitaria.

Minha avó é uma piada.
Não trabalha, não faz nada.
Acho que é aposentada
de uma tal Secretaria
de Estado da Alegria.

26 DE JULHO: Dia dos Avós

LISTA

Vou comprar um canivete.
Ou um DVD do Chico.
Quem sabe, um cinto novo
pra não pagar muito mico.
Já pensei num bom pijama
ou em sandália de dedo.
Uma calça jeans maneira –
mas o preço me dá medo!
Tudo isso que eu listei
pensei em dar pro meu pai.
(Mas se eu não descolar nada,
será que a casa cai?)
E para abaixar os custos,
o cartão eu mesmo faço.
O presente, não sei não...
mas vou arrasar no abraço!

2º DOMINGO DE AGOSTO: Dia dos Pais

ESTUDANTE

Quando eu era bem pequeno
me abraçava com os livros
e me punha a imaginar.

Juntava todas as forças
e soletrava meu sonho
de não parar de estudar.

Meu nariz ficava preto
com a chama da lamparina
usada pra clarear.

Depois das primeiras séries
peguei a mala e o destino
começou a cirandar.

Quando volto à minha terra,
para as férias escolares,
vejo muita coisa mudar.

Só o meu sonho não muda.
E a saudade de um tempo
Sem lâmpada pra iluminar.

11 de agosto: Dia do Estudante

PINTURA

A aurora usa gema de ovo
e um tanto de purpurina
pra pintar as fronhas do Sol
e saudar a manhã-menina.

A manhã, quando se vai,
joga urucum, mel de abelha
na colcha da tarde azul,
que fica linda e vermelha.

E quando a tarde vai embora
com seus ares de rainha,
vai pintando de violeta
o lençol das estrelinhas.

À noite, a trança da Lua
vira um enorme pincel.
Mergulha no azul-marinho,
pinta o cobertor do céu.

Quando amanhece, a aurora
começa tudo de novo:
pinta as fronhas do Sol
com a purpurina e o ovo...

12 de agosto: Dia Nacional das Artes

CULTURA POPULAR

"Amarelinha" no chão.
"Par ou ímpar",
"Soldado, não"–
muitos jogos de salão.

O Boto é moço bonito.
O Caipora é esquisito.
Em Boitatá, não acredito!

O Negrinho do Pastoreio.
O urubu violeiro.
A lenda do Sete-Estrelo.

Trava-línguas e quadrinhas.
Frases feitas da vizinha.
Parlendas e adivinhas.

"Se esta rua fosse minha".
"Rá, rá, rá, minha machadinha".
"A moda das tais anquinhas".

Passe 100 me atrapalhar.
20 ver, vou te levar.
60 aqui pra me contar.

"Como se toca se dança".
"Quem espera, sempre alcança".
"Quem pega peso é balança".

Benzedeiras, rezadores.
Bordados de muitas cores.
A cozinha e seus sabores.

Reis Magos – 6 de janeiro.
Carnaval em fevereiro...
Folclore é o ano inteiro!

22 DE AGOSTO: Dia do Folclore

INFÂNCIA

Um velho estilingue
Bolinha de gude

Tarde calorenta
Banho no açude

Bagunça na escola
Merenda roubada

Galo na cabeça
Pés na enxurrada

Jogo no campinho
Poeira vermelha

Domingo chuvoso
Goteira na telha

Um cisco no olho
Nariz irritado

Desculpa tão boba
Pro choro abafado

24 de agosto: Dia da Infância

AMAZÔNIA

Árvores
Centenárias
Sombreiam
Águas correntes,
Ágeis serpentes
Arrastando o corpo em
Admirável ondulação
Azul.
Pulmão do mundo,
América do Sul.

5 de setembro: Dia da Amazônia

7 DE SETEMBRO

INDEPENDÊNCIA?
　　DEPENDÊNCIA!?
　　　PENDÊNCIA!?
　DEPE　　N　Am a liberdade!
　Que PE　　N　A !
　　　　　DÊ o grito:
INDEPENDÊNCIA OU MORTE!

7 de setembro: Proclamação da Independência

Primeiras Letras

Ela: Você tem a letra feia,
  garrancho pra todo lado.
  Como é que consegue ler
  frases de arame farpado?

Ele: Eu sei que faço garrancho!
  E bem que tenho tentado...
  Você tem letra bonita,
  mas escreve tudo errado!

Ela: Errar todo mundo erra –
  você nunca ouviu dizer?
  Mas... vamos fazer as "pases"
  seja com s ou com z!

8 de setembro: Dia Mundial da Alfabetização

Caminhos

Menino que atravessa a rua,
nas asas do pensamento,
melhor vigiar as placas
e olhar pros lados, atento.

Se conselho fosse bom,
Ninguém dava, só vendia.
Mas esse eu te dou de graça
pra você ir e voltar
sem correr risco nas vias...

18 a 25 de setembro: Semana Nacional do Trânsito

BATICUM

EMBAÚBA
BAOBÁ
MANGABEIRA
JATOBÁ
AROEIRA
TAPIÁ
OLIVEIRA
JERIBÁ

Só o nome
dessas árvores
dá beleza
dá cadência
dá leveza
dá balanço
dá vontade
de sambar.

21 de setembro: Dia da Árvore

ESTAÇÃO DAS FLORES

Rosa vermelha,
de saiote repolhudo,
mal desabrocha
já pensa que está com tudo!

A margarida,
de pele tão fina e lisa,
mal desabrocha
já tem medo até de brisa!

Hortênsia azul
gorducha como um tambor,
mal desabrocha
já cisma que é couve-flor.

E as outras flores?
Quando chega a primavera,
se não desabrocham logo,
ficam na lista de espera.

**21 de setembro:
Início da Primavera**

PRA DESABAFAR

Olá, maracujá,
de carinha enrugada,
pendurado no cipó!
Te vendo assim
fico roxa
de uma saudade lisinha
do vovô e da vovó.

Olá, chuva fininha,
no pé de maracujá!
Você vem assim tão mansa,
sem fazer nenhum barulho,
aí, a saudade aumenta
e começo a te imitar...

1º DE OUTUBRO: Dia do Idoso

TODOS TRABALHANDO

O elefante
com a tromba arqueada
tornou-se um grande bombeiro –
e de carteira assinada.

O crocodilo
com a cauda barulhenta
virou domador de cobra
daquelas bem peçonhentas.

O pinguim
não tira o fraque engomado.
Rege um coral de golfinhos
desde o inverno passado.

A andorinha
de avental muito claro
trabalha na sacristia
ajudando o seu vigário.

A cabrita
toda hora se sacode.
Vende ao vento o seu perfume,
o famoso "Bafo-de-Bode"

4 de outubro:
Dia Mundial dos Animais

DEGRAU

Plantei algumas moedas,
reguei com água do tanque
e adubei com esperança.

Todo dia eu sonhava
ver um broto de centavo.
(Quem espera sempre alcança?)

Meu irmão ria tão alto,
me espiando da janela,
que pintou desconfiança.

Hoje eu fico pensando
no meu tempo de criança:
quem não foi um pouco ingênuo,
não deu trela para o sonho e
plantou um pé de dinheiro,
saltou um degrau da infância.

12 DE OUTUBRO: Dia da Criança

DEVER DE CASA

– Menino, cadê a pesquisa
sobre a vinda dos Jesuítas?
E o trabalho de Ciências?
E o exercício de escrita?

– Professora, me desculpe.
Ih, você nem acredita.
Tive um sério problema...
Mas... você está tão bonita!
Mais linda que a goleada
que demos ontem à tarde
no time do Chico Brita...

15 de outubro:
Dia do Professor

Aula Gostosa

Hoje a aula foi legal:
saúde e alimentação,
com fotos e exposição.
Era quase hora do almoço,
e dentro do meu estômago
a visão dos alimentos
aprontou um alvoroço.

Cereais, massas e pão,
verdura, fruta e legume,
leite, carne, ovo, feijão!
Só tinha coisa gostosa, mas...
e sobremesa, não?
Foi aí que a consciência
deu um breque e anunciou:
– A gordura e o doce...
(tchan, tchan, tchan!)
coma com moderação!

16 de outubro:
Dia Mundial da Alimentação

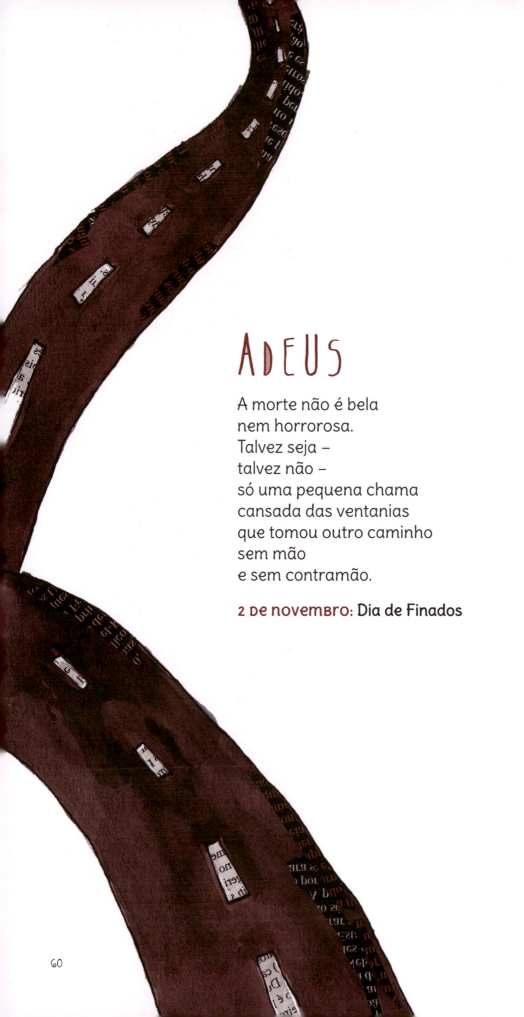

Adeus

A morte não é bela
nem horrorosa.
Talvez seja –
talvez não –
só uma pequena chama
cansada das ventanias
que tomou outro caminho
sem mão
e sem contramão.

2 de novembro: Dia de Finados

SALVE, LINDO!

Quando eu cantava o hino
e quase nada entendia
não podia imaginar
que o pendão da esperança
pudesse dizer tanta coisa
à alma de uma criança.

No retângulo, verdes matas.
No losango, ouro amarelo.
Dentro, um círculo azul-anil
com os estados, vinte e sete,
bordados em forma de estrelas
no cobertor do Brasil.

Cortando ao meio as estrelas,
a faixa branca nos lembra:
há que haver ordem e progresso.
Mais tarde, fiquei sabendo
que o brasileiro extravasa
seu amor pelo país
botando nossa bandeira
– ouro, verde, branco, anil –
bem à mostra em cada casa.*

19 de novembro: Dia da Bandeira

* O pensamento é do arquiteto Oscar Niemeyer (15/12/1907 – 5/12/2012), que afirmou: "[...] é preciso um líder que pense nacionalmente. Que coloque uma bandeira brasileira em cada casa." *In*: ANDREATO, Elifas *et al. O melhor do Almanaque Brasil de cultura popular*. Curitiba: Ed. Positivo, 2004. p. 117.

COR

Como o ébano,
escura madeira,
resistente,
o filho da África,
que veio de longe,
arduamente
inaugura caminhos,
na terra brasileira.

20 de novembro:
Dia da Consciência Negra

Música

Havia no céu sete anjas
que só queriam cantar.
Viviam de fazer música
com arranjos celestiais.
Nossa Senhora achou graça
e resolveu nomear:
– São as Anjas Musicais:
Dó, Ré, Mi, Fá, Sol, Lá, Si.
Brincam com sons e pausas
como faz o bem-te-vi.
Elas guardam atrás das nuvens
as mais lindas partituras.
Volta e meia vão à Terra
e aprontam poucas e boas
em sonoras travessuras.

22 de novembro: Dia da Música

Briga

Vou embora da minha casa.
Lá ninguém gosta de mim!

Quando implicam, fico bravo,
dou chilique e ameaço,
digo que faço e desfaço.
(Não sei por que ajo assim...)

Minha família é bem torta.
Melhor se fosse bem reta.
"Antes torta do que morta",
diz o avô Benjamim.

Mas antes de ir embora
decido abrir a janela
pra respirar o ar puro
misturado com jasmim.
Vejo o cachorro lá fora,
ouço o canto de minha irmã,
fritando bolinho de aipim.

Coisa boa é família,
minha ilha...
de marfim!

Vou ficar na minha casa:
aqui todos gostam de mim!

8 de dezembro: Dia da Família

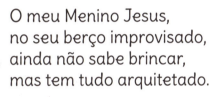

O Menino

Oh, meu Menino Jesus,
A vossa capela cheira,
Cheira a cravos e a rosas
E a flor de laranjeira.
(Quadrinha portuguesa.
Apud CASCUDO, Câmara.
Dicionário do folclore brasileiro. 10. ed.
Rio de Janeiro: Ediouro, p. 469.)

O meu Menino Jesus,
no seu berço improvisado,
ainda não sabe brincar,
mas tem tudo arquitetado.

Primeiro: ser marceneiro
e ajudar o pai, José.
Depois: com mãos de artista,
moldar a paz e a fé.

25 de dezembro: Natal

ADORMECER

O poema se prepara
para o fim da temporada.
Guarda versos,
limpa estrofes
põe as rimas em espera
e vai descansar suas asas
de palavras
no espírito das árvores
enquanto não chega a hora
de mais uma primavera...

A AUTORA

    Nasci em Itaguara, interior de Minas, num 29 de maio. Passei a infância subindo em árvores, andando em enxurrada, brincando de teatro e, como sou neta de italianos, comendo massas...

    Aos catorze anos, vim estudar na capital, onde moro até hoje, mas a saudade de casa vivia tocando realejo no meu peito. Então eu me refugiava na leitura. Gostava de ler contos de Machado de Assis e poemas de diversos autores.

    Graduei-me em Letras e em Ciência da Informação e trabalhei mais de 20 anos como professora e como bibliotecária, em Belo Horizonte. Depois fiz pós-graduação em Literatura Infantil e Juvenil e mestrado em Literaturas de Língua Portuguesa.

    Nestes *Poemas empoleirados no fio do tempo*, escolhi falar em versos sobre assuntos discutidos e festejados na escola, como datas e comemorações. Tentei dar a eles, em alguns momentos, um caráter mais lúdico; em outros, procurei o lírico ou o brejeiro, pois quem falou que datas importantes do nosso cotidiano não podem ser lidas assim?

Neusa Sorrenti

A ILUSTRADORA

Sou artista plástica, nasci num mês de maio do século passado e vivo em Belo Horizonte. Me formei em Desenho e Cinema de Animação pela UFMG, onde também fiz mestrado. Participo de exposições e eventos artísticos no Brasil e pelo mundo afora. Já ilustrei uma boa quantidade de livros e também sou professora universitária – sempre de disciplinas ligadas a arte.

Fora isso, faço coisas variadas: desenho, monto, remonto e desmonto coisas no computador, bordo, colo, filmo, faço o que der na cabeça e o que for interessante na hora.

Sempre que leio um texto, imagino figuras pra ele. Elas aparecem assim meio nubladas, como num sonho, e vão se repetindo; às vezes somem e de repente lá estão elas de novo. E é mais ou menos assim quando ilustro um livro. As ideias vão se insinuando, meio tímidas, às vezes bem assanhadas, vão se empoleirando na cabeça. Mas nem sempre gosto delas. Às vezes jogo umas fora, busco outras e vou rascunhando na cabeça e no papel.

Agora, o estranho é quando acontece de eu não ter pensado em alguma figura, um pássaro, por exemplo, e não é que o danado aparece no desenho? Então vou empoleirando mais coisas: traços com bico de pena (mas não é pena de passarinho, tá?), empoleiro manchas e também recortes que tiro de revistas... e a imagem fica pronta, mais ou menos como pensei no início. Às vezes é um pouco difícil, porque costumo querer fazer melhor do que está. Mas sempre tem uma surpresa qualquer. Acho que é assim com todo mundo, com a vida. E é sempre muito divertido.